Anonym

Mindmaps Textlinguistik

Examensvorbereitung (Erstes Staatsexamen)

GRIN Verlag

Bibliografische Information der Deutschen Nationalbibliothek:

Die Deutsche Bibliothek verzeichnet diese Publikation in der Deutschen National-
bibliografie; detaillierte bibliografische Daten sind im Internet über http://dnb.d-
nb.de/ abrufbar.

Impressum:

Copyright © 2012 GRIN Verlag GmbH
Druck und Bindung: Books on Demand GmbH, Norderstedt Germany
ISBN: 978-3-656-70967-1

Dieses Buch bei GRIN:

http://www.grin.com/de/e-book/277744/mindmaps-textlinguistik

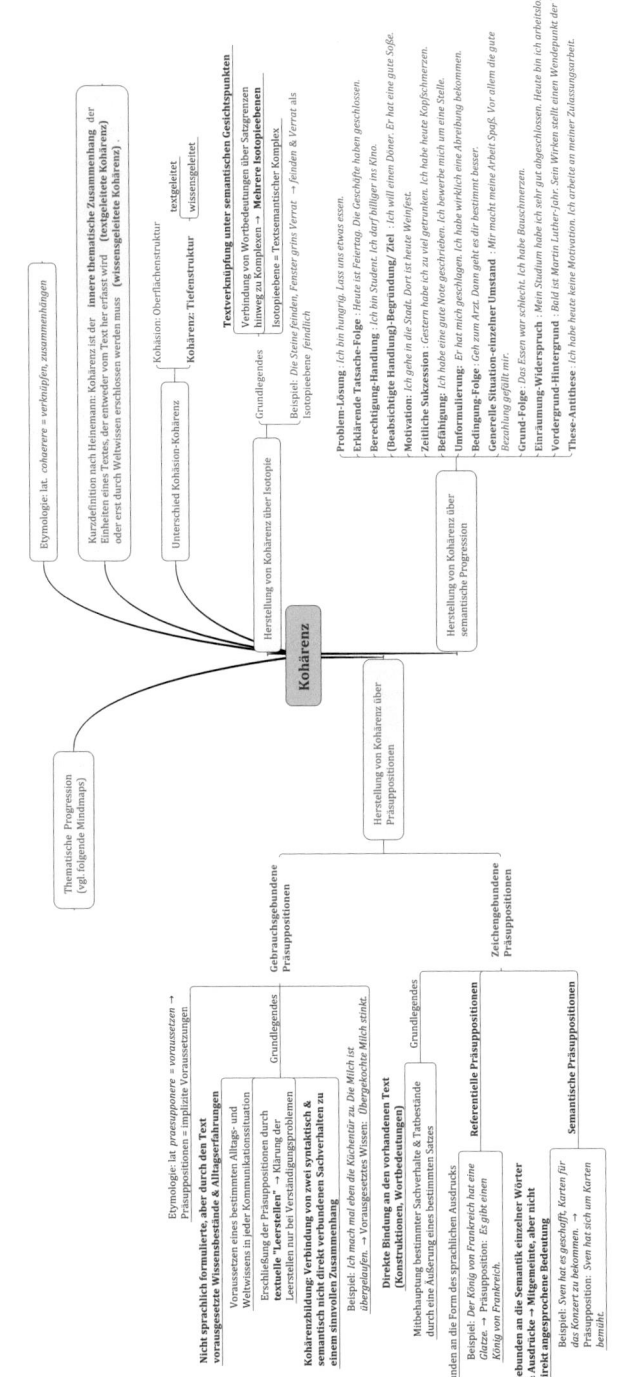

Kohärenz.mmap - 03.02.2012 - Mindjet

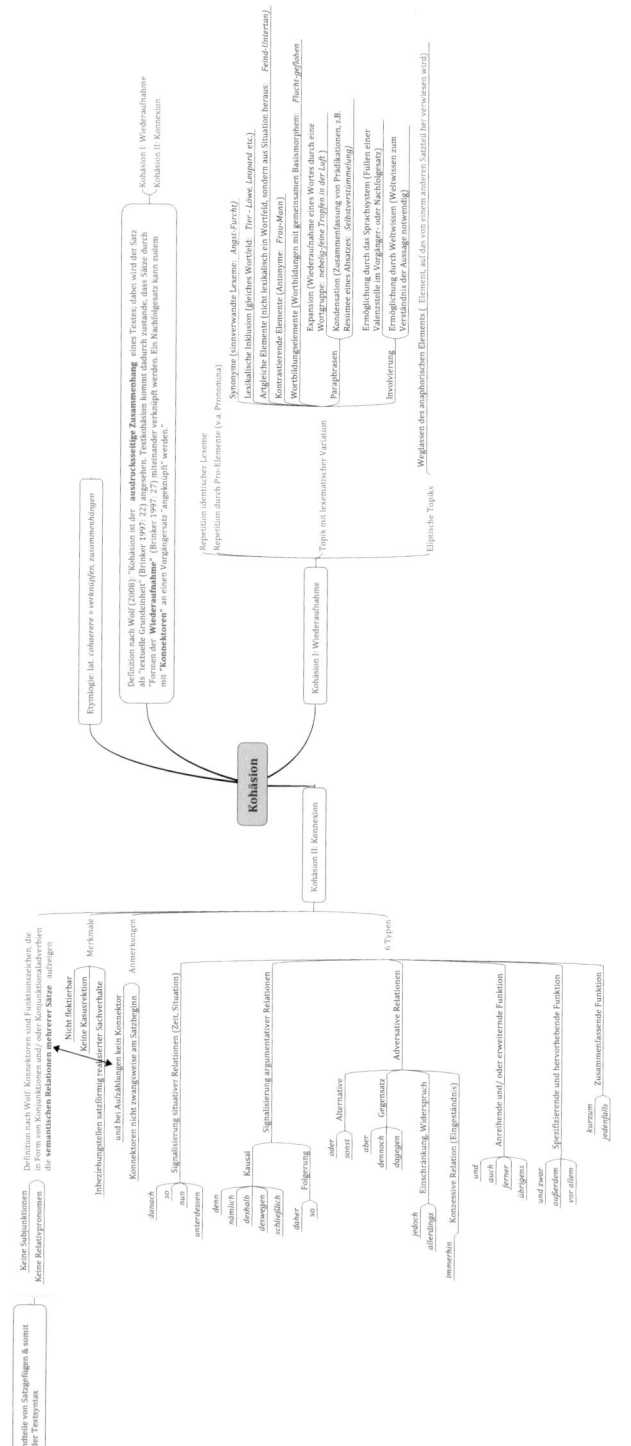

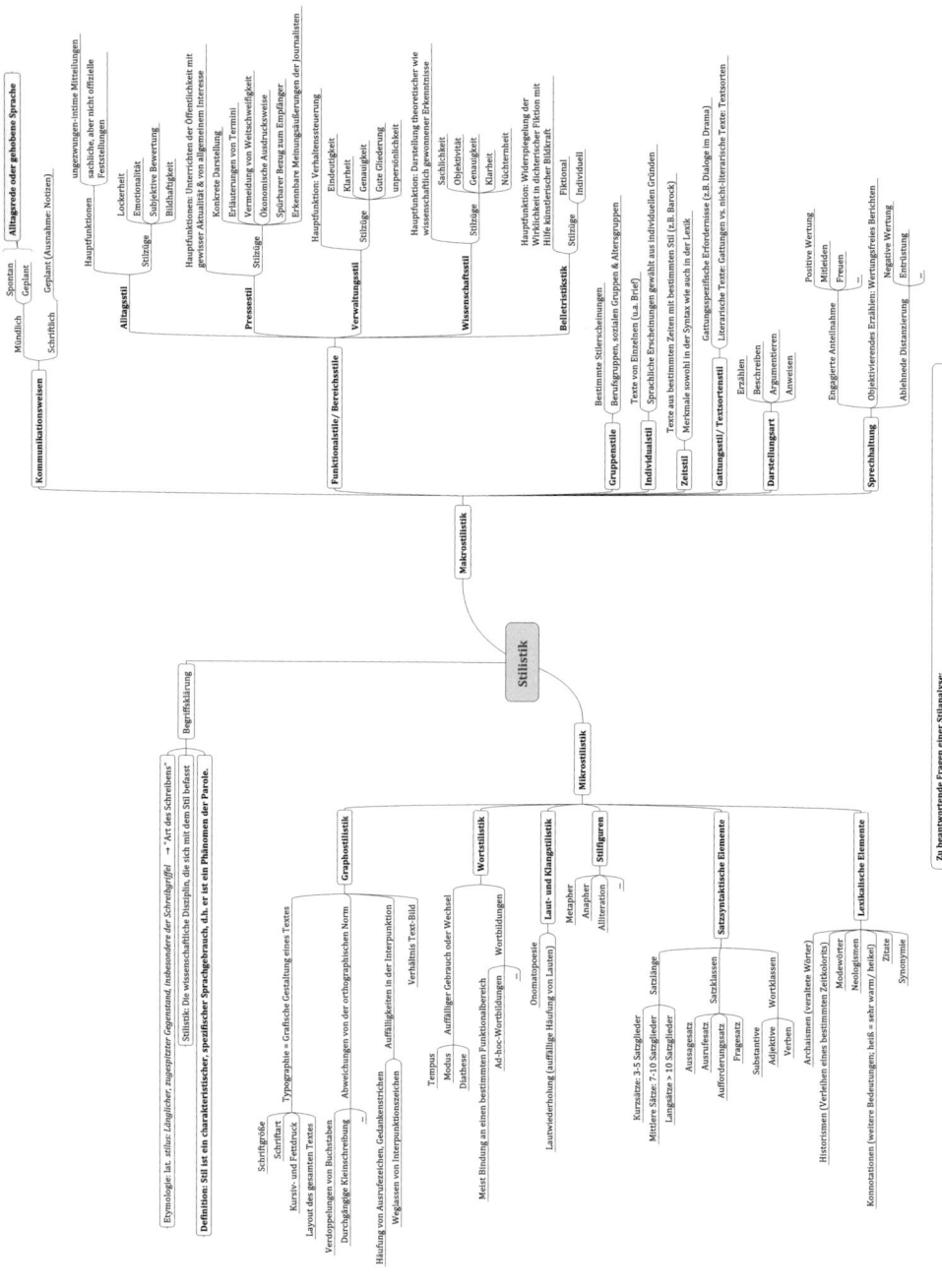

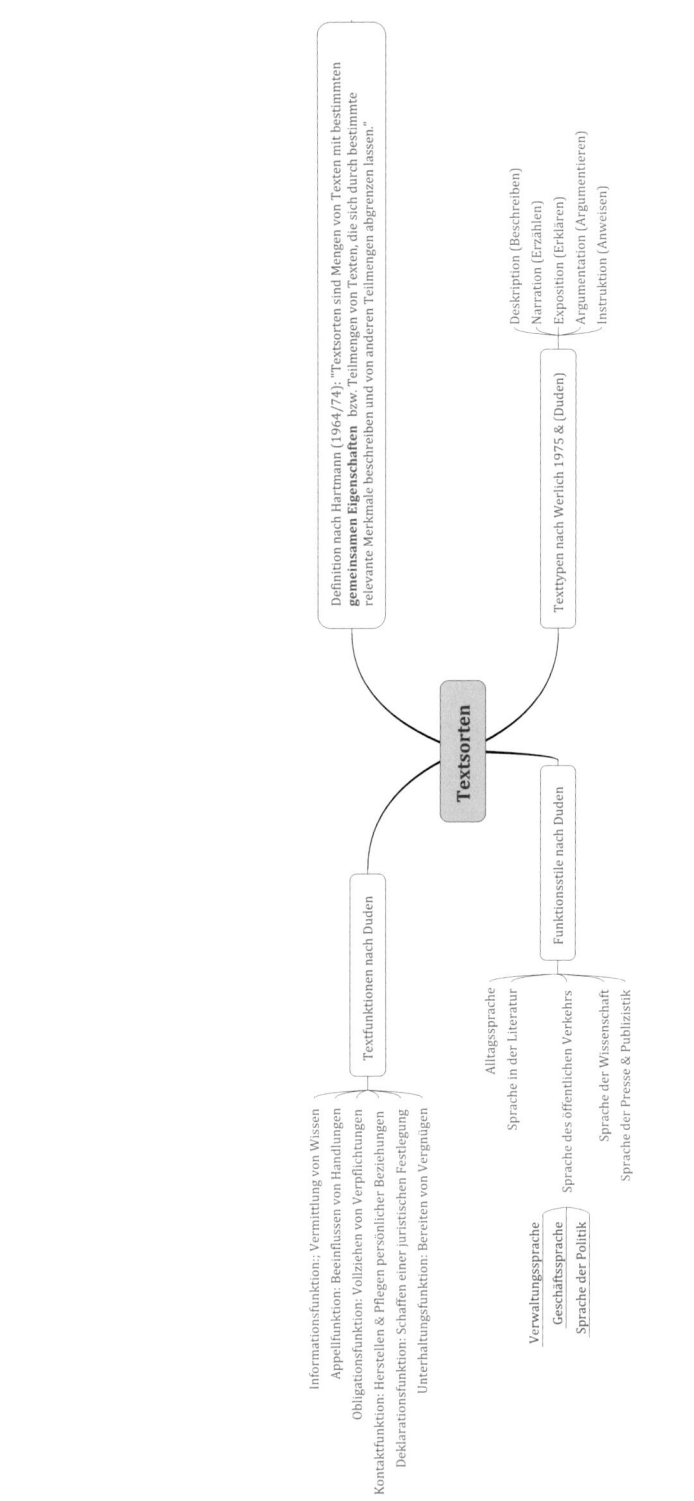

Textsorten

Definition nach Hartmann (1964/74): "Textsorten sind Mengen von Texten mit bestimmten **gemeinsamen Eigenschaften** bzw. Teilmengen von Texten, die sich durch bestimmte relevante Merkmale beschreiben und von anderen Teilmengen abgrenzen lassen."

Texttypen nach Werlich 1975 & (Duden)

- Deskription (Beschreiben)
- Narration (Erzählen)
- Exposition (Erklären)
- Argumentation (Argumentieren)
- Instruktion (Anweisen)

Textfunktionen nach Duden

- Informationsfunktion: Vermittlung von Wissen
- Appellfunktion: Beeinflussen von Handlungen
- Obligationsfunktion: Vollziehen von Verpflichtungen
- Kontaktfunktion: Herstellen & Pflegen persönlicher Beziehungen
- Deklarationsfunktion: Schaffen einer juristischen Festlegung
- Unterhaltungsfunktion: Bereiten von Vergnügen

Funktionsstile nach Duden

- Alltagssprache
- Sprache in der Literatur
- Sprache des öffentlichen Verkehrs
  - Verwaltungssprache
  - Geschäftssprache
  - Sprache der Politik
- Sprache der Wissenschaft
- Sprache der Presse & Publizistik

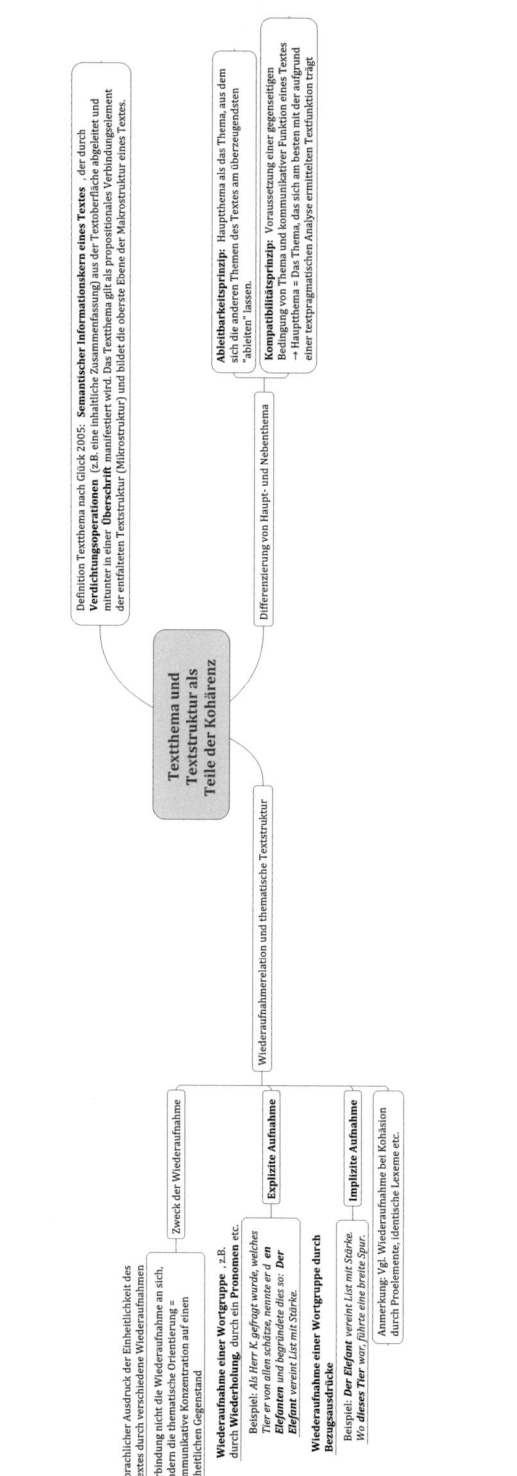

Textthema und Textstruktur als Teile der Kohärenz

Definition Textthema nach Glück 2005: **Semantischer Informationskern eines Textes**, der durch **Verdichtungsoperationen** (z.B. eine inhaltliche Zusammenfassung) aus der Textoberfläche abgeleitet und mitunter in einer **Überschrift** manifestiert wird. Das Textthema gilt als propositionales Verbindungselement der entfalteten Textstruktur (Mikrostruktur) und bildet die oberste Ebene der Makrostruktur eines Textes.

Differenzierung von Haupt- und Nebenthema

Ableitbarkeitsprinzip: Hauptthema als das Thema, aus dem sich die anderen Themen des Textes am überzeugendsten "ableiten" lassen.

Kompatibilitätsprinzip: Voraussetzung einer gegenseitigen Bedingung von Thema und kommunikativer Funktion eines Textes → Hauptthema = Das Thema, das sich am besten mit der aufgrund einer textpragmatischen Analyse ermittelten Textfunktion trägt

Wiederaufnahmerelation und thematische Textstruktur

Zweck der Wiederaufnahme

Sprachlicher Ausdruck der Einheitlichkeit des Textes durch verschiedene Wiederaufnahmen

Verbindung nicht die Wiederaufnahme an sich, sondern die thematische Orientierung = Kommunikative Konzentration auf einen einheitlichen Gegenstand

Explizite Aufnahme

Wiederaufnahme einer Wortgruppe : z.B. durch **Wiederholung**, durch ein **Pronomen** etc.

Beispiel: *Als Herr K. gefragt wurde, welches Tier er von allen schätze, nennte er d* **en Elefanten** *und begründete dies so:* **Der Elefant** *vereint List mit Stärke.*

Wiederaufnahme einer Wortgruppe durch Bezugsausdrücke

Implizite Aufnahme

Beispiel: *Der Elefant vereint List mit Stärke. Wo dieses Tier war, führte eine breite Spur.*

Anmerkung: Vgl. Wiederaufnahme bei Kohäsion durch Proelemente, identische Lexeme etc.

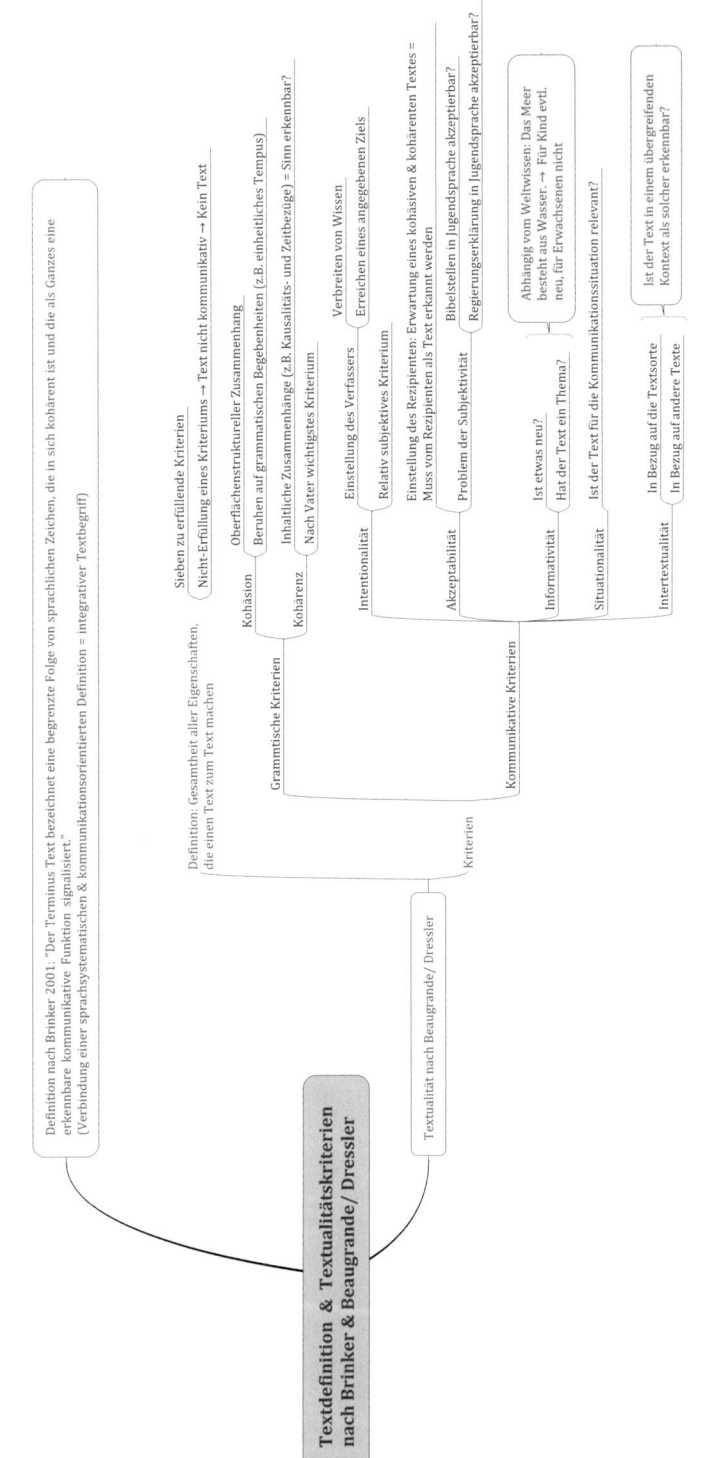

Textdefinition & Textualitätskriterien nach Brinker & Beaugrande/ Dressler

Kriterien

Definition nach Brinker 2001: "Der Terminus Text bezeichnet eine begrenzte Folge von sprachlichen Zeichen, die in sich kohärent ist und die als Ganzes eine erkennbare kommunikative Funktion signalisiert."
(Verbindung einer sprachsystematischen & kommunikationsorientierten Definition = integrativer Textbegriff)

Textualität nach Beaugrande/ Dressler

Definition: Gesamtheit aller Eigenschaften, die einen Text zum Text machen

Grammtische Kriterien

Kohäsion — Oberflächenstruktureller Zusammenhang
— Beruhen auf grammatischen Begebenheiten (z.B. einheitliches Tempus)

Kohärenz — Inhaltliche Zusammenhänge (z.B. Kausalitäts- und Zeitbezüge) = Sinn erkennbar?
— Nach Vater wichtigstes Kriterium

Kommunikative Kriterien

Intentionalität — Einstellung des Verfassers
— Relativ subjektives Kriterium

Akzeptabilität — Einstellung des Rezipienten: Erwartung eines kohäsiven & kohärenten Textes = Muss vom Rezipienten als Text erkannt werden
— Problem der Subjektivität

Sieben zu erfüllende Kriterien — Nicht-Erfüllung eines Kriteriums → Text nicht kommunikativ → Kein Text

Verbreiten von Wissen
Erreichen eines angegebenen Ziels

Bibelstellen in Jugendsprache akzeptierbar?
Regierungserklärung in Jugendsprache akzeptierbar?

Informativität — Ist etwas neu?
— Hat der Text ein Thema?

Abhängig vom Weltwissen: Das Meer besteht aus Wasser. → Für Kind evtl. neu, für Erwachsenen nicht

Situationalität — Ist der Text für die Kommunikationssituation relevant?

Intertextualität — In Bezug auf die Textsorte
— In Bezug auf andere Texte

Ist der Text in einem übergreifenden Kontext als solcher erkennbar?

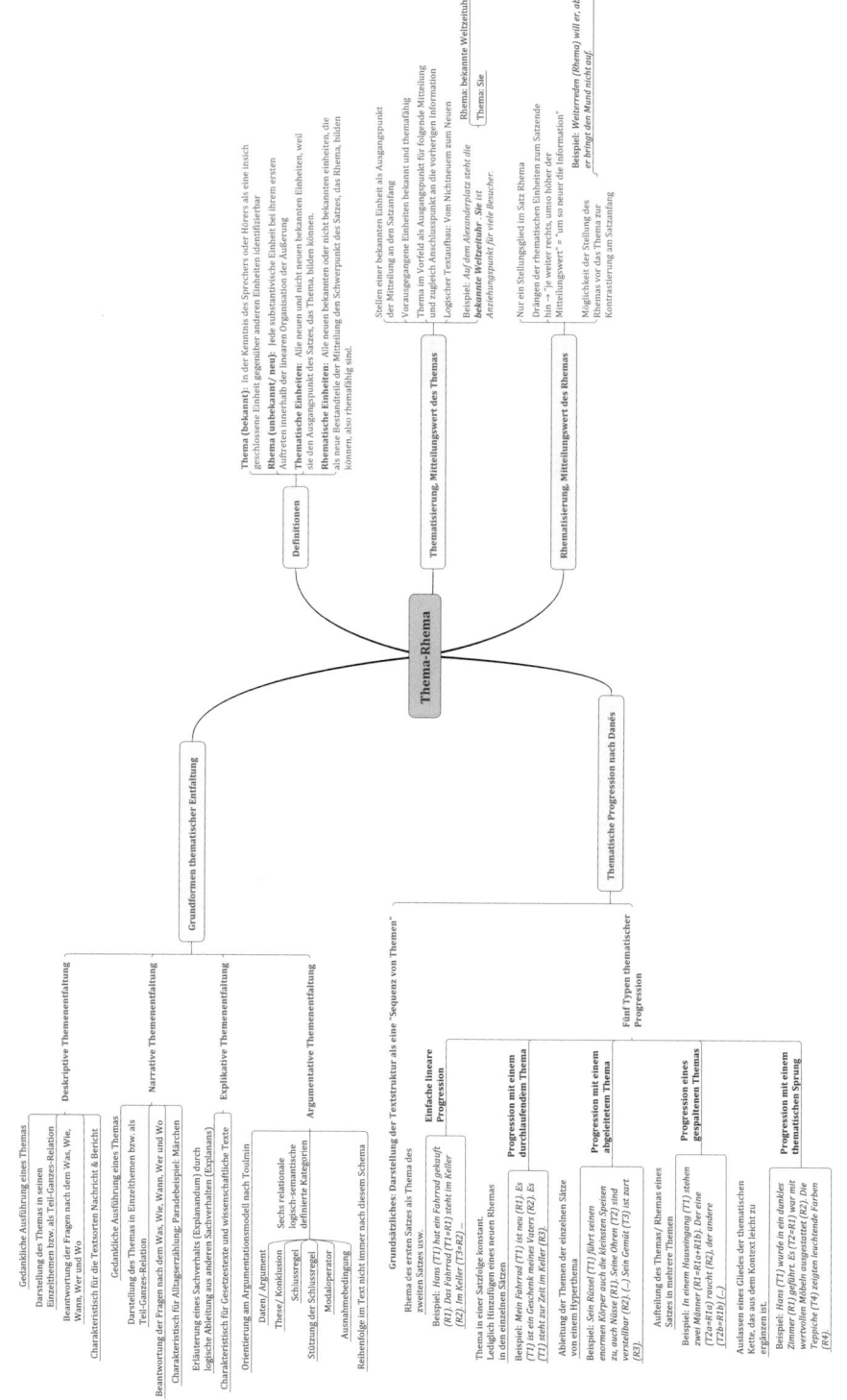

Thema-Rhema

Definitionen

- **Thema (bekannt):** In der Kenntnis des Sprechers oder Hörers als eine insich geschlossene Einheit gegenüber anderen Einheiten identifizierbar
- **Rhema (unbekannt/ neu):** Jede substantivische Einheit bei ihrem ersten Auftreten innerhalb der linearen Organisation der Äußerung
- **Thematische Einheiten:** Alle neuen und nicht neuen bekannten Einheiten, weil sie den Ausgangspunkt des Satzes, das Thema, bilden können.
- **Rhematische Einheiten:** Alle neuen bekannten oder nicht bekannten einheiten, die als neue Bestandteile der Mitteilung den Schwerpunkt des Satzes, das Rhema, bilden können, also rhematisig sind.

Thematisierung, Mitteilungswert des Themas

- Stellen einer bekannten Einheit als Ausgangspunkt der Mitteilung an den Satzanfang
- Vorausgegangene Einheiten bekannt und thematisch
- Thema im Vorfeld als Ausgangspunkt für folgende Mitteilung und zugleich Anschlusspunkt an die vorherigen Information
- Logischer Textaufbau: Vom Nichtneuem zum Neuen
  - Beispiel: *Auf dem Alexanderplatz steht die* **bekannte Weltzeituhr.** *Sie ist Anziehungspunkt für viele Besucher.*
    - Rhema: bekannte Weltzeituhr
    - Thema: Sie

Rhematisierung, Mitteilungswert des Rhemas

- Nur ein Stellungsglied im Satz Rhema
- Drängen der thematischen Einheiten zum Satzende hin → "Je weiter rechts, umso höher der Mitteilungswert" = "um so neuer die Information"
  - Beispiel: *Weiterreden (Rhema) will er, aber er bringt den Mund nicht auf.*
- Möglichkeit der Stellung des Rhemas vor das Thema zur Kontrastierung am Satzanfang

Grundformen thematischer Entfaltung

Deskriptive Themenentfaltung

- Gedankliche Ausführung eines Themas
- Darstellung des Themas in seinen Einzelthemen bzw. als Teil-Ganzes-Relation
- Beantwortung der Fragen nach dem Was, Wie, Wann, Wer und Wo
- Charakteristisch für die Textsorten Nachricht & Bericht

Narrative Themenentfaltung

- Gedankliche Ausführung eines Themas
- Darstellung des Themas in Einzelthemen bzw. als Teil-Ganzes-Relation
- Beantwortung der Fragen nach dem Was, Wie, Wann, Wer und Wo
- Charakteristisch für Alltagserzählung; Paradebeispiel: Märchen

Explikative Themenentfaltung

- Erläuterung eines Sachverhalts (Explanandum) durch logische Ableitung aus anderem Sachverhalten (Explanans)
- Charakteristisch für Gesetzestexte und wissenschaftliche Texte

Argumentative Themenentfaltung

- Orientierung am Argumentationsmodell nach Toulmin
  - Daten/ Argument
  - Thesen/ Konklusion
  - Schlussregel
    - Sechs relationale logisch-semantische definierte Kategorien
  - Stützung der Schlussregel
  - Modaloperator
  - Ausnahmebedingung
- Reihenfolge im Text nicht immer nach diesem Schema

Thematische Progression nach Daneš

- Grundsätzliches: Darstellung der Textstruktur als eine "Sequenz von Themen"
  - Rhema des ersten Satzes als Thema des zweiten Satzes usw.

Fünf Typen thematischer Progression

Einfache lineare Progression

- Beispiel: *Hans (T1) hat ein Fahrrad gekauft (R1). Das Fahrrad (T1=R1) steht im Keller (R2). Im Keller (T3=R2) ...*

Progression mit einem durchlaufendem Thema

- Thema in einer Satzfolge konstant. Lediglich Hinzufügen eines neuen Rhemas in den einzelnen Sätzen
- Beispiel: *Mein Fahrrad (T1) ist neu (R1). Es (T1) ist ein Geschenk meines Vaters (R2). Es (T1) steht zur Zeit im Keller (R3).*

Progression mit einem abgeleitetem Thema

- Ableitung der Themen der einzelnen Sätze von einem Hyperthema
- Beispiel: *Sein Rüssel (T1) führt seinen enormen Körper auch die kleinsten Speisen zu, auch Nüsse (R1). Seine Ohren (T2) sind verstellbar (R2). (...) Sein Gemüt (T3) ist zart (R3).*

Progression eines gespaltenen Themas

- Aufteilung des Themas/ Rhemas eines Satzes in mehrere Themen
- Beispiel: *In einem Hauseingang (T1) stehen zwei Männer (R1=R1a+R1b). Der eine (T2a=R1a) raucht (R2), der andere (T2b=R1b) (...)*

Progression mit einem thematischen Sprung

- Auslassen eines Gliedes der thematischen Kette, das aus dem Kontext leicht zu ergänzen ist.
- Beispiel: *Hans (T1) wurde in ein dunkles Zimmer (R1) geführt. Es (T2=R1) war mit wertvollen Möbeln ausgestattet (R2). Die Teppiche (T4) zeigten leuchtende Farben (R4).*